LE COMMERCE

DES

Soies Asiatiques

Lyon, 21 janvier 1892.

Monsieur,

J'ai échangé, ces derniers temps, des lettres avec un ami, au sujet de notre commerce de soies asiatiques. Il m'engage à publier les opinions que je lui ai exposées, je les ai résumées dans une lettre que je prends la liberté de vous communiquer. En me rendant à son désir, je n'ai pas la présomption d'avoir trouvé la pie au nid, mais dans les conditions anormales où se trouve notre commerce de soies, il me semble qu'au lieu de se perdre en regrets sur le temps jadis, chacun, dans la mesure de ses moyens, devrait rechercher si des réformes ne pourraient pas être introduites dans la manière dont se font nos affaires.

Si des gens plus compétents voulaient s'occuper de cette question, il en ressortirait peut-être quelque chose de bon pour notre article.

Je vous présente, Monsieur, mes civilités empressées.

E. DE BAVIER.

CHER MONSIEUR,

Notre commerce des soies se débat, depuis des années, dans une situation qui devient de plus en plus critique. On a cherché les raisons de cet état de choses et les moyens d'y remédier, mais avec peu de succès ; c'est un laisser-aller général et ceux qui ont voulu résister au courant qui nous entraîne ont été ruinés.

Nous sommes arrivés aujourd'hui, je crois, à un degré de découragement et de laisser-faire qui ne peut plus être dépassé. Il semblerait que la mesure soit pleine, et depuis quelque temps on a cherché à réagir contre l'état de choses actuel. Dans des réunions d'importateurs, et sous l'impulsion d'un homme énergique, de certaines résolutions ont été prises et on a débattu des questions intéressant notre commerce, ce qui dénote qu'on ne demanderait pas mieux que de réformer les vices de notre marché soyeux, et il faut espérer que l'on ne restera pas à moitié chemin, cette fois-ci.

Malheureusement le mal dont, souffre notre commerce, a des racines profondes. Il a été amené par des causes diverses, qui sont bien connues des soyeux. Ces causes peuvent-elles être écartées, ou leurs effets amoindris, et comment ? Voilà ce qu'il faudrait chercher à établir.

Il n'y a aucun doute que le *changement de mode*, la *perte du marché soyeux de Londres*, la *baisse de l'argent métal*, la *régénération des vers à soie en Europe*, les *communications rapides avec l'extrême Orient* et la *trop grande facilité d'en importer des soies*, ont amené des changements importants et des perturbations dans notre commerce qui nous ont pris au dépourvu.

Autrefois, la fabrique avait un **grand article de fond** l'*uni*, qui lui permettait de faire des achats en prévision et d'avoir un stock de soies. La mode aujourd'hui change trop souvent, elle s'éparpille sur un grand nombre d'articles pour lesquels il faut des soies diverses. La fabrique ne s'approvisionne donc, en général, qu'au fur et à mesure de ses besoins et la position dans laquelle se trouve notre commerce l'encourage à pousser cette tactique à l'excès, car elle se trouve toujours en face d'une multiplicité d'offres qui l'effraie. Son concours à porter le stock de soie nous fait donc aujourd'hui défaut. Il fut un moment où nos fabricants s'assuraient au début de la saison toute la production annuelle d'une filature. Aujourd'hui, c'est par quelques balles à la fois que les ventes se font. Notre commerce, d'un grand commerce qu'il était, est devenu un commerce de détail; on finira si on continue ainsi par vendre quelques kilogrammes à la fois, et autant de ventes autant de marchandages. Cependant la diversité de la mode seule n'aurait pas amené la fabrique à sa tactique d'achat actuelle, car la consommation de la soie est plus forte que jamais, si vous ne l'aviez pas pour ainsi dire forcée à acheter au jour le jour. Si elle pouvait avoir confiance dans le maintien des prix, elle risquerait bien de se charger d'un certain stock, même si elle ne devait pas en avoir l'emploi de suite et elle ne demanderait pas mieux que de vous aider à soutenir les cours. Il ne peut lui être agréable, après un achat fait, de voir constamment les prix se dérober, elle ne peut ainsi se défendre vis-à-vis de son acheteur d'étoffe qui lui répète toujours que la soie est en baisse. Elle se verrait avec plaisir soutenue par vous, mais aussi long-temps que ce ne sera pas le cas, elle doit naturellement profiter de la disposition d'esprit d'un marché constam-ment à la baisse. Il est plus que probable néanmoins que, si la mode avait conservé l'article de fond d'autrefois, nous nous apercevrions à peine des vices de notre com-merce, qui probablement ne se seraient pas aussi forte-ment développés, et il est très vraisemblable que, si la mode revenait à l'uni, nous aurions une amélioration no-table dans la marche de nos affaires. C'est encore là qu'il faut chercher le principal nœud de la situation. Ce jour reviendra-t-il jamais ?

Le transfert du marché des soies asiatiques de Londres à Lyon, qui s'est fait à peu près en même temps que la susdite évolution dans la mode, est venu ensuite ag-graver la situation. Autrefois Lyon et Londres se partageaient le commerce des soies : Lyon avait les soies d'Europe et du Levant et Londres les soies asiatiques. Vous avez voulu avoir le tout, ce qui était une ambition bien légitime, mais alors il fallait importer à Lyon aussi l'admirable outillage du commerce de Londres et ses idées larges. Vous avez attiré un commerce colossal pour lequel vous n'étiez ni préparé par vos habitudes commerciales, ni par vos moyens financiers. Vous avez transféré sur une place de consom-mation le marché de la matière première, ce qui est une antithèse commerciale.

A Londres vous aviez à la disposition du marché des soies des sommes illimitées que ce commerce s'est vu

enlever du jour au lendemain par son transfert à Lyon ;
vous y aviez un noyau de spéculateurs comme il en existe
pour toutes les marchandises sur les grandes places commerciales : vous n'avez pas pu le remplacer. Vous avez
bien, à Milan et à Lyon, à plusieurs reprises formé des syndicats à la hausse, mais dont le résultat après une hausse
rapide, mais factice, a toujours été de ramener les prix des
soies à un niveau plus bas qu'auparavant, et cela s'explique
justement par cette absence de spéculateurs comme vous
en aviez à Londres. Le syndicat que vous aviez formé était
le seul spéculateur, tant qu'il achetait, tout était pour le
mieux ; mais tout le monde ne demandait qu'à lui *vendre*
et quand lui-même s'est mis à la vente, afin d'encaisser ses
bénéfices, le sauve-qui-peut commença, et il en sera ainsi
aussi longtemps que nous n'aurons pas l'élément de spéculation d'autrefois. Vos syndicats ont toujours été écrasés
par la masse des soies offertes, non que les stocks aient été
trop importants, mais ils l'étaient pour que cet unique
spéculateur, avec les moyens dont il disposait, ait pu les
absorber. Si nous avions encore eu le marché de Londres,
le syndicat aurait trouvé, dans le grand nombre de spéculateurs de cette place, un soutien efficace qui l'aurait aidé
à mener à bien une opération très légitime dans les circonstances. Pour que, avec la constitution actuelle de notre
marché, un syndicat puisse réussir il faudrait, pour inspirer
confiance, qu'il eût des ressources illimitées, qu'il fût
formé pour un bon nombre d'années et sur de larges bases,
permettant à chacun d'y prendre part selon ses moyens, il
faudrait qu'il n'achetât que des soies disponibles et ne devînt
ni importateur ni acheteur à livrer et qu'il ne produisît pas
une hausse rapide, mais qu'il menât et ranimât le marché,

lentement, avec fermeté et sans soubresauts. Mais la constitution d'un syndicat sur ces bases et avec ce programme
est, je le crains, irréalisable. Alors gardons-nous des petits
syndicats : ils feront toujours plus de mal que de bien. Il
n'y a aucun doute qu'il serait très facile de faire la hausse
momentanément, on n'aurait pas même besoin d'un syndicat pour cela, quelques achats importants de soies disponibles, accompagnés d'un peu de tam-tam, feraient hausser
les prix : mais après ? Nous savons, par expérience, ce qu'il
en adviendrait !

Tant que nos affaires soies se feront comme actuelle -
ment, une *période de hausse* ne peut venir que par une
combinaison extraordinaire de circonstances, par la force des
choses : nous n'y aurons aucun mérite, au contraire, l'organisation de nos affaires lui restera défavorable. Il ne faut
pas oublier non plus que la soie peut difficilement être un
article de spéculation générale ; sa nature s'y oppose, ce
n'est d'abord pas une matière première dans le sens absolu
du mot. Le cocon en est la matière première. Vous avez
pour celui-ci une base, un *standard*, c'est le rendement ; le
standard vous fait défaut pour les soies. Il est donc d'autant plus regrettable d'avoir détruit le marché anglais où
le temps avait créé une spéculation, encouragée et facilitée
par les traditions même de ce marché, pour le transférer
sur une place foncièrement consommatrice et, par là, peu
propice à la spéculation.

Vous aviez ensuite à Londres l'admirable institution des
Docks, que vous avez remplacée par des Magasins Généraux où vous laissez aller en partie vos soies qui viennent
sous traites documentaires, mais dont, avec vos solides
habitudes commerciales, vous ne vous servez pas pour

prendre des avances ; ce serait faire tort à votre crédit parce que ce n'est pas l'habitude à Lyon, et vous avez dans le Comité de Direction de ce magasin de vos concurrents ou de vos banquiers, auxquels vous ne voulez pas faire voir que vous avez besoin d'argent, vous préférez vendre même avec un sacrifice plutôt que de mettre, comme on dit ici, votre marchandise au Mont-de-Piété. A Londres toutes les soies allaient aux Docks, et quand on avait besoin d'argent on prenait des warrants, et les plus grandes maisons, vingt fois plus riches que vous, n'en rougissaient pas. Il y avait à Londres un stock constant de 40 à 50.000 balles de soies qui valaient le double de ce qu'elles valent aujourd'hui. Vous voyez-vous avec ce stock à des prix pareils à Lyon ? Ce serait un effondrement ! A Londres on ne s'en apercevait même pas. Aussi les prix n'avaient que des fluctuations provoquées par des causes normales, ils n'étaient pas abandonnés à eux-mêmes. Ce n'est cependant pas l'argent qui manque à Lyon, mais il n'est que dans une faible mesure à la disposition du commerce des soies. L'argent qui y est directement engagé ne suffit pas. Si vous calculez ce qui s'est perdu dans notre commerce depuis vingt ans, les maisons qui s'en sont retirées et l'argent anglais que nous avons perdu, vous pouvez être certain que vous arriverez à plusieurs centaines de millions, dont notre commerce a perdu la disposition. Avec cela vous voulez avoir vos soies chez vous, vous ne voulez pas user des Magasins Généraux, vous voulez faire beaucoup d'affaires et vous le devez, comme nous le verrons tout à l'heure. Vous êtes donc forcés à être toujours vendeurs et vous vous étonnez que notre niveau de prix baisse de saison en saison !

Je dois aussi, en parlant du marché de Londres, mentionner les courtiers. Il y en avait à Londres qui jouissaient d'une grande situation financière et morale qu'ils mettaient entièrement à la disposition du commerce des soies ; ils étaient ensuite les vrais intermédiaires entre le vendeur et l'acheteur ; toutes les affaires passaient par eux. Personne ne se serait permis d'offrir au courtier 20 shillings pour une soie dont la valeur du jour était 21, et jamais un courtier de Londres n'aurait conseillé à son client de vendre au-dessous des cours. Ici les courtiers sont les agents des acheteurs parce qu'ils se sont naturellement mis du côté du plus fort. Vous avez encore augmenté le nombre de ces courtiers-acheteurs par des vendeurs attachés spécialement à vos maisons et qui de leur côté visitent journellement les acheteurs. Vous donnez à ces vendeurs une commission sur leurs ventes ; donc, plus ils en font, plus ils gagnent de l'argent et plus, par conséquent, ils poussent à la vente. Intéressez-les donc sur vos bénéfices, au lieu de leur donner une commission, et on verra peut-être alors moins de vendeurs gagner plus d'argent que leurs patrons.

Vous me direz que le marché de Londres, en continuant ses traditions, s'est ruiné. Oui, mais sans vous cela ne serait pas arrivé. Et qu'y avez-vous gagné ?

Si j'ai dû parler un peu longuement au sujet de ce transfert du marché, c'est que certainement il a eu une grande influence sur les affaires soies ; mais le mal est fait, le marché ne retournera plus à Londres, et plus nous irons, plus le marché des soies se décentralisera. Quant à transférer le marché des soies ailleurs, cela est un eutopie : on ne transporte pas un marché comme cela, et je ne crois d'ailleurs pas que ce transfert vous ferait du bien, au contraire. Sur tous les marchés continentaux nous trouvons, ou les mêmes inconvénients que nous avons à Lyon, ou d'autres aussi graves, aucun ne pourrait aspirer à la succession entière du marché de Londres. Nous devons rendre justice à notre marché et convenir que l'honnêteté commerciale dont il a la réputation est entièrement méritée, et que sous ce rapport il y a peu de places au monde qui le valent. Le principal grief qu'on peut avoir contre Lyon-marché de soies, c'est que c'est une place de consommation. Nous serions, au point de vue financier, encore bien plus malheureux si Milan avait le marché des asiatiques. Quant à Marseille, il est certain que ce port serait l'entrepôt naturel des soies d'Asie et il est regrettable qu'il n'ait pas fait des efforts, dans le temps, pour prendre la succession de Londres. La majorité des soies asiatiques passe à Marseille, il serait donc bien naturel qu'elles s'y arrêtent. Sans croire à la possibilité d'un transfert, en bloc, du marché lyonnais, je crois que Marseille pourrait aujourd'hui encore avoir sa part au gâteau, mais avant de tenter un effort dans ce sens il faudrait avant tout que cette place réformât sérieusement ses tarifs de frais, qui sont excessifs et qui en font actuellement le port le plus coûteux de toute l'Europe.

La **baisse énorme de l'argent métal** explique facilement l'augmentation dans la production de soies du Japon et de Canton, et il est très étonnant que Shanghaï n'ait pas suivi la même progression ; il faut qu'il y ait eu dans le centre de la Chine des événements que nous ne connaissons pas, qui ont arrêté la production ; peut-être est-ce dans la maladie du ver à soie, comme le prétendent quelques personnes, qu'il faut chercher l'explication. Il se peut aussi que la consommation indigène de ces parages ait augmenté. Quoi qu'il en soit, la baisse du change a joué un grand rôle pendant la période de baisse qui dure depuis vingt ans ; elle nous permet de payer les soies aux Chinois et aux Japonais à des prix en monnaies d'argent qui amoindrissent, dans une assez grande proportion, là baisse sur leurs soies. En prenant comme valeur du jour actuelle la soie d'Italie à 45 francs et les Grappes n° 2 à 38 francs, qui au change de 4,15, moyenne de 1891, font 470 dollars, et, en comparant ces prix aux moyennes de prix des quelques années suivantes, nous trouvons que la dépréciation comparative est comme suit :

SAISON	ITALIE PRIX MOYENS francs	DÉPRÉCIATION comparée à 1891 environ	JAPON PRIX MOYENS			DÉPRÉCIATION comparée à 1891	
			dollars	change	Prix de revient en fr	en francs environ	en dollars environ
1863	70	36 o/o	530	6,50	67	43 o/o	11 o/o
1868	120	63 o/o	860	5,70	92	59 o/o	45 o/o
1869	112	60 o/o	800	5,70	86	57 o/o	41 o/o
1872	95	54 o/o	700	5,80	77	50 o/o	33 o/o

Nous voyons par ces chiffres que, si la baisse sur les Japons a suivi la proportion de la baisse des soies d'Italie, si nous prenons comme base le prix de revient en francs des soies japonaises rendues en Europe, il n'en est pas de même du tout si nous comparons les prix en dollars, et nous voyons que, par suite de la baisse du change, la perte pour les Japonais a été beaucoup moins sensible. En prenant la moyenne de la baisse des quatre années susnommées, nous trouvons, en la comparant aux prix actuels, que sur les soies d'Italie cette moyenne représente une baisse de 53 pour 100, tandis que pour les Japonais la baisse sur les prix en dollars n'est que de 32 pour 100. Nous ne leur payons aujourd'hui que 11 pour 100 de moins qu'en 1863, tandis que les soies d'Italie ont baissé de 36 pour 100 depuis cette époque. La position avantageuse qui est faite ainsi aux soies asiatiques, dans la concurrence qu'elles ont à soutenir avec celles d'Europe, doit donner à réfléchir à nos producteurs, et il est heureux que dans ces circonstances la production des soies ait rétrogradé dans certains pays. Nous ne devons pas perdre de vue cette question du change quand nous voulons rechercher les causes qui nous ont amenés à la base des prix actuelle. Cependant, après tout, la base des prix sur laquelle on travaille n'est qu'une question secondaire, si le producteur européen ne trouve plus son compte il abandonnera la sériciculture, et ce n'est pas une question qui intéresse le commerce directement : on peut faire du bon commerce avec des prix bon marché. Notre commerce ne souffre pas des *prix bas*, mais de la *baisse chronique*, amenée, sans rime ni raison, par notre faute. Nous devons faire une distinction entre les causes qui ont amené les bas prix et la mauvaise gestion des affaires qui a mis la baisse à l'ordre du jour. Nous allons voir d'ailleurs que cette question du change perd de son importance quand nous étudierons la production de la soie.

En comparant la **production actuelle** avec celle d'avant la maladie du ver à soie je trouve qu'elle est moins forte qu'alors. Nous avons du Japon toute l'exportation actuelle à compter comme augmentation, puisque avant la maladie nous ne recevions rien de ce pays. Cela fait donc 2 millions de kilogrammes. De Canton l'augmentation est de 800.000 kilogrammes. Par contre, nous avons les réductions suivantes à enregistrer :

De Shanghaï	400 000 kilog.
Du Bengale	500 000 —
En France	800 000 —
En Espagne	600 000 —
En Syrie, Brousse, Andrinople et Grèce . .	700 000 —

Nous avons donc pour le Japon et Canton une augmentation de 2.800.000 kilogrammes, mais nous avons, pour les autres pays séricicoles, une diminution dans la production de 3.000.000 de kilog., et cela en comptant la production actuelle de l'Italie, comme égale à celle d'avant la maladie, soit 3.700.000 kilog. Ces chiffres sont basés sur des moyennes de plusieurs années et les chiffres des diminutions que je vous donne sont en dessous de cette moyenne. La différence apparaîtrait considérable si je prenais les années de production maxima d'avant la maladie. Ainsi la Chine en 1859-60 nous a expédié 3.800.000 kilog. = 86.000 balles contre 2.500.000 kilog. = 55.000 balles actuellement.

La France, de 1853 à 1855, a produit en moyenne 1.800.000 kilog. par an, contre 70.0000 actuellement.

Le Bengale nous a donné jusqu'à 900.000 kilog., soit 15.000 balles, contre 180.000 kilog. ou 3.000 balles aujourd'hui.

L'espagne, en 1852, nous a donné 800.000 kilog.; elle nous donne maintenant 80.000 kilog.

Je me suis tenu en dessous de la moyenne, parce qu'il faut prendre en considération le développemant de la fabrique d'étoffes indigènes, au Bengale et en Chine. En tout cas, à juger d'après des documents authentiques, la position statistique de la production mondiale, à trente-cinq années de distance, montre plutôt une diminution ; mais si nous faisons la comparaison avec l'époque où la maladie du ver à soie sévissait en Europe dans son plein, époque aussi où les importations de l'extrême Orient n'avaient pas encore atteint leur maximum et où, par des causes diverses, l'exportation de Shanghaï avait diminué, l'aspect change considérablement. Nous trouvons qu'alors la pro-duction en Europe était de 2 millions de kilogrammes inférieure à celle d'aujourd'hui. Le Japon, à cette époque, nous livrait 1.200.000 kilog., de moins qu'actuellement ; Canton, 500.000 kilog., et Sanghaï 700.000 kilog.

Les autres pays sont restés à peu près stationnaires. Il y a donc à constater, en prenant comme point de départ les années de la maladie du ver à soie, une augmentation de production de plus de 4 millions de kilogrammes, et il est à remarquer que cette augmentation considérable et les faits qui ont déséquilibré notre marché et auxquels j'ai fait allusion plus haut, se sont produits tous, dans des périodes très rapprochées l'une de l'autre, et il n'y a donc rien d'étonnant, avec tout cela, que notre commerce ait perdu la boussole.

Quant aux prix, la moyenne des soies d'Italie, quelques années avant la maladie du ver à soie, était environ de 70 à 80 francs, elle s'est élevée à 120 francs dans les années de la maladie, et s'il est logique que nous ayons perdu la base de prix des années de disette par suite de la régé-nération de la sériciculture en Italie et des importations progressives de l'Extrême-Orient, auxquelles est venue s'ajouter, pour précipiter le mouvement, la baisse de l'argent, il n'est pas aussi logique que nos prix aient perdu de 40 à 50 pour 100 sur la base de ceux antérieurs à la maladie, puisque, au point de vue de la production de la soie, nous sommes aujourd'hui au-dessous de la production d'alors et que la consommation absorbe de saison en saison, à peu de chose près, la production totale du monde, tandis qu'autrefois nous avions toujours à Londres des stocks très importants en soies asiatiques et à Lyon en soie d'Europe et du Levant, stocks qui, aujourd'hui, sont certainement de 75 pour 100 inférieurs.

A juger d'après les statistiques à notre disposition, la production de la dernière période de cinq ans aurait été entièrement absorbée par la consommation. En tout cas, ce ne sont pas les stocks effectifs qui pèsent sur notre marché, c'est au contraire le désir universel de ne pas en avoir.

Les communications rapides avec l'extrême Orient sont venues ensuite augmenter le désarroi dans lequel se trouvait déjà notre commerce. Tandis qu'avant l'établissement des câbles télégraphiques, nous reliant avce l'extrême Orient, une dépêche envoyée voie de Kiachta ou de Ceylan, mettait quatre semaines pour arriver à Yokohama et autant pour que la réponse nous revienne, vous avez aujourd'hui une réponse à une dépêche envoyée au Japon plus vite que vous ne la recevez de Paris. Autrefois, nous avions à Yokohama un départ de vapeur toutes les six semaines et ce vapeur mettait près de trois mois pour arriver en Europe, et transbordait sa marchandise à Suez ; aujourd'hui nous avons sept vapeurs réguliers par mois et nous recevons nos malles par voie du canal de Suez en trente-cinq jours et par voie d'Amérique en moins d'un mois. Avant de recevoir du Japon l'annonce d'une exécution d'ordre il se passait deux mois, et près de quatre mois avant que vos soies vous arrivent. Aujourd'hui, il n'y a plus de distance et le stock de l'extrême Orient est pour ainsi dire à nos portes, vos dépêches nous en donnent journellement l'importance et vous pouvez le transporter en six semaines en Europe. A la moindre reprise des affaires vous êtes inondés, par dépêches, d'offres de l'extrême Orient. Autrefois l'importateur envoyait ses ordres en Chine et au Japon par lettres ou par dépêches qui prenaient alors autant de temps que prend aujourd'hui une lettre, il devait se tracer un plan au début de la saison et donnait alors ses instructions d'achat pour toute la saison. Il avait à courir les chances du marché presque toujours jusqu'à l'arrivée de la soie, dont très souvent il ne pouvait connaître la quantité, la qualité et le prix qu'à l'arrivée de la marchandise même. Il était donc obligé d'opérer prudemment, dans des limites modérées, et ne pouvait offrir, que rarement, sa marchandise en mer. Il ne pouvait, par conséquent, y avoir surabondance d'offres sur le marché, ni arrivages trop importants. Aujourd'hui tout cela a changé, on opère au jour le jour ; on connaît les achats faits dans l'extrême Orient, le lendemain, avec toutes les indications nécessaires, on peut les offrir à la vente en mer et on les offre même avant l'embarquement. Les risques ayant ainsi diminué, on a augmenté ses affaires dans d'énormes proportions, les offres abondent et les arrivages se succèdent et se montent souvent à des chiffres très importants.

Nous devons nous attendre à voir nos moyens de communication avec l'extrême Orient faire encore de plus grands progrès. La réduction du coût des dépêches n'est qu'une question de temps. Le jour, peut-être pas très éloigné, où les Américains auront posé un câble entre

San-Francisco et Yokohama par le Pacifique, le coût des dépêches sera réduit de 50 pour 100. Si les vapeurs qui vont dans l'extrême Orient, voie de Suez, marchaient avec la vitesse des vapeurs transatlantiques ils feraient le voyage au Japon en dix jours de moins, et quand nous aurons le chemin de fer transsibérien nous recevrons le courrier de Shanghaï, en quinze jours. De ce côté là, le mal, si mal il y a, ira donc en augmentant.

La facilité avec laquelle se font les achats dans l'extrême Orient est surtout cause que l'effet produit par la rapidité des communications soit devenu désastreux. Tous les importateurs se rappellent les temps où chaque ordre envoyé en Asie était accompagné d'une lettre de crédit sur une maison de banque. Peu à peu cet usage s'est perdu, vous avez commencé à fournir des traites documentaires directes sur l'acheteur, ou sur votre propre maison et aujourd'hui cela est devenu général et se fait pour des sommes presque illimitées. Tandis qu'autrefois votre pouvoir d'acheter était limité par les lettres de crédit que vous pouviez obtenir des banquiers, il est aujourd'hui beaucoup plus large. La facilité avec laquelle on négocie, dans l'extrême Orient, les traites documentaires s'explique par la nature même de ces traites, qui en font une affaire de Banque des plus sûres. Les banques qui achètent ces traites ont toujours la marchandise en garantie et souvent deux signatures, elles ne demandent donc pas mieux que de faciliter les affaires. Ces traites sont à quatre ou six mois de vue, de sorte que du jour où vous achetez, jusqu'à celui de l'échéance des traites, vous avez de six à huit mois pour liquider votre opération. Cela engage bien des acheteurs à se charger de soies outre mesure. On voit quelquefois des maisons acheter 1000 à 2000 balles d'un seul coup.

Il n'y a aucun doute que la facilité avec laquelle peuvent se faire des achats importants est en grande partie cause de la mauvaise allure de nos affaires soies. Autrefois vous aviez à Londres des maisons puissamment riches qui importaient 1000 à 2000 balles par an, aujourd'hui il y a des maisons continentales qui importent 6, 10 et 15.000 balles Chine et Japon avec un capital d'un million et moins. Je ne pense pas que s'il fallait payer les traites dans les soixante jours après arrivée de la marchandise, des importations pareilles se feraient.

A la facilité d'offrir le stock de l'extrême Orient par voie télégraphique, viennent donc s'ajouter les offres des soies en mer et voyageant pour votre compte et vous savez avec quelle persistance ces offres se font, car on veut se débarrasser de ses achats avant l'échéance des traites, parce qu'on est souvent trop chargé et que par conséquent il faut boucher les trous auprès des acheteurs avant que votre concurrent le fasse, si on ne veut pas se trouver embarrassé lors des échéances. Pourquoi autrement se presserait-on tant? puisqu'à la fin d'une saison on arrive à avoir placé à peu près toute la production de l'année?

Il est bien naturel qu'on cherche à faire beaucoup d'affaires, mais il l'est beaucoup moins de chercher à en faire beaucoup, en travaillant mal. De tout cela il résulte naturellement une pression à la vente qui avilit constamment les prix. On veut se débarrasser de ses achats coûte que coûte et à peine faits, on les offre à la vente, d'abord à pleine commission, puis, si cela ne va pas, on la réduit, et plus on vend lentement, plus on la réduit. Les maisons qui n'achètent rien pour leur compte et n'opèrent que sur ordre sont obligées de suivre ce mouvement, et on travaille aujourd'hui à des commissions ridicules, on arrive même à faire des affaires pour gagner l'emballage ou pour le gain sur le poids éventuel. Par suite de ces bénéfices et commissions réduits, tout le monde est obligé de pousser au chiffre, vous y êtes forcé rien que pour couvrir vos frais. Pour arriver au chiffre, vous cherchez toutes sortes de combinaisons. Ainsi vous faites des comptes à demi avec vos acheteurs, les mouliniers par exemple, et, pour les leurrer vous ne comptez, soi-disant aucune commission, il est vrai que ces acheteurs-associés sont tout étonnés quand ils se trouvent, plus tard, en concurrence avec des lots de soies similaires, importés par vous pour votre compte et que vous offrez souvent au-dessous du prix qu'ils ont payé eux-mêmes et ils commencent à voir qu'ils sont les dindons de la farce. Vous croyez ainsi empêcher vos concurrents de travailler, but que vous n'atteignez pas, mais votre manière de faire force ceux qui ne veulent travailler qu'à la commission à le faire bon marché, et vous vous plaignez qu'il y en ait qui exécutent des ordres à 1 pour 100 de commission et même en dessous. Dites-moi donc quelle chance ils auraient à obtenir des ordres de vos susdits acheteurs, par exemple, s'ils comptaient les commissions pleines? Par la force des choses, tout le monde pousse donc à la baisse et au chiffre, et on travaille mal, nous sommes tous, chacun à notre tour et à notre heure, des gâcheurs de métier. Il n'y a donc pas lieu de s'étonner de voir notre commerce toujours dans le marasme.

Pour réduire autant que possible les conséquences funestes de cette manière de faire, *il faut diminuer les facilités financières*. Quand on n'aura plus huit mois pour liquider une opération, on ne fera plus des affaires au-dessus de ses forces et ne pouvant plus faire un gros chiffre pour couvrir ses frais on travaillera mieux et on se défendra. On peut aujourd'hui, dans les vingt-quatre heures, en Chine et au Japon, acheter des milliers de balles, ce qui se fait surtout à un moment de reprise d'affaires. A peine achetées ces soies étant offertes partout et de la manière que j'ai indiquée plus haut, on étouffe ainsi dans l'œuf toute amélioration, on écrase le marché par des avalanches d'offres, et on s'étonne ensuite qu'un mouvement ne peut jamais durer longtemps dans notre commerce. •

Il est à remarquer que c'est presque toujours de Lyon que la baisse nous vient et indirectement par les soies asiatiques. On a souvent accusé Milan d'être le promoteur de la baisse et cependant c'est de là que dans les dernières cinq années les seuls efforts ont été tentés pour rehausser les prix et cela tout dernièrement encore, mais les asiatiques entraînent toutes les provenances. Vous aurez, avec des traites à courtes échéances, moins d'importateurs qui se chargeront de soies au-dessus de leurs moyens, ils n'auront pas besoin de jeter leur stock à la tête des acheteurs. On travaillera peut-être aussi bon marché et vous aurez autant d'offres de soies asiatiques qu'auparavant, car du moment qu'on n'aura plus que soixante ou quatre-vingt-dix jours pour payer ses traites, on poussera d'autant plus à la vente, mais vous aurez moins d'importateurs courant des bordées et obligés par conséquent à vendre à n'importe quel prix et ce ne sont pas les engagements qu'on obtient des indigènes qui font la baisse, mais les offres des stocks en mains d'importateurs, trop désireux de s'en défaire.

Il y aura davantage de soies à Shanghaï et à Yokohama entre les mains des négociants indigènes et ceux-
ci nous ont prouvé souvent qu'ils savent se défendre.
Je ne pense pas qu'on offrira ce stock au-dessous des prix
auxquels les indigènes vous en donneront l'engagement.
Ceux-ci viendraient ainsi indirectement à votre secours, et
ils vous aideraient à porter un fardeau, trop lourd pour vos
épaules. Ceux qui connaissent l'admirable organisation des
associations indigènes, l'ensemble avec lequel elles opèrent et la discipline qui y règne, seront de mon avis. Au
lieu de cela, vous vous empressez actuellement à soulager
les marchands indigènes de leur stock, eux qui sont
de taille à le porter, pour le transférer en vos mains
faibles.

Aujourd'hui, où vous êtes informés journellement de
vos achats dans l'extrême Orient, avec tous les détails nécessaires, où vous connaissez à quelques jours près la
date exacte de leur arrivée, ce qui vous permet de vendre
à livrer, ce que vous faites d'ailleurs à tours de bras, vous
n'avez plus besoin de traites à quatre mois et encore moins
à six mois de vue.

Autrefois vous ignoriez tous ces détails, vous ne les
connaissiez qu'à l'arrivée de la marchandise. Vous aviez
donc besoin de temps pour liquider. Vous ne pouviez
pas vendre en mer et renouveler vos achats au fur et
à mesure des ventes, les traites à longues échéances avaient
donc leur raison d'être, mais actuellement tout cela a
changé.

Etablissez les traites à soixante et à quatre-vingt-dix
jours de vue, cela suffirait amplement. Ceux qui travaillent sainement ne feraient qu'y gagner ; les maisons avec

un grand capital auraient un avantage sur l'acheteur qui travaille au-dessus de ses moyens. Les maisons avec un capital modéré et qui travaillent en conséquence et celles qui ne font que des affaires à la commission ne se verraient pas continuellement débordées par les maisons qui ont un capital disproportionné au chiffre qu'elles font. La réforme n'atteindrait donc que ces dernières, auxquelles on enlèverait ainsi, dans une grande mesure les moyens de peser continuellement, malgré elles, sur les cours.

Le commerce d'importation rentrerait sûrement dans une voie plus normale et les bonnes maisons, que l'état actuel des choses a éloignées de l'importation se remettraient de la partie.

La rage de vendre directement, même au plus petit acheteur, diminuerait, car tel, qui aujourd'hui fait une affaire à six mois, n'en fera pas une à soixante jours et le « marchand de soie » auquel on a enlevé peu à peu sa clientèle retrouvera sa place dans l'importation.

Vous m'objecterez que les traites à plus courtes échéances n'auraient pas entièrement le résultat que j'en attends, parce que les banquiers européens interviendraient à l'échéance par des avances. Mais, comme je vous ai dit tout à l'heure, il n'est pas dans les usages commerciaux d'ici de prendre des avances et ensuite vous trouverez les banquiers d'ici moins commodes, ils ne vous avanceraient pas le montant entier de vos factures, comme le font actuellement les banquiers de l'extrême Orient, en achetant vos traites documentaires pour des milliers de balles, et telle maison, qui ne se gêne pas aujourd'hui à prendre auprès de ces banques des avances de 6 et 8 mois pour ses traites documentaires, ferait la mine quand on lui parlera ici de marges et qu'on lui limetera les avances. On serait donc forcé d'opérer avec plus de prudence et dans la mesure de ses ressources et on ne payerait pas souvent la soie plus cher sur les lieux de production qu'elle n'est en Europe, avec l'espoir de rattraper sur de nouveaux achats, ce qu'on a perdu sur ceux qu'on vient de liquider.

Il est inutile de se lamenter continuellement et de prêcher la sagesse, il faut attaquer le mal dans sa racine et pour moi ces traites à longues échéances ont une très grande part dans la mauvaise position dans laquelle se trouve notre commerce d'importation, dans aucun autre commerce d'ailleurs on n'a de pareilles facilités financières.

La production étant absorbée par la consommation il semblerait que la demande et l'offre devraient se balancer, et s'il n'en est pas ainsi, c'est parce que la marchandise est offerte trop précipitamment et elle l'est ainsi parce qu'on achète trop facilement une grande quantité à la fois et on achète ainsi parce qu'on a trop de temps devant soi avant d'avoir à la payer. Vous admettrez que si, comme autrefois, on était obligé d'envoyer dans l'extrême Orient des lingots d'argent ou des marchandises pour les échanger contre de la soie vous ne vous trouveriez pas toujours devant cette pléthore d'offres. Cependant, en commerce, on ne revient pas sur ses pas, on marche avec le temps, eh bien, c'est marcher avec le temps que de changer l'ancien usage des traites à quatre et six mois qui n'ont plus de raison d'être et de les réduire à soixante et quatre-vingt-dix jours.

Les réformes en commerce sont difficiles à faire, elles ne se font pas d'un trait de plume, mais par la force des circonstances et les usages commerciaux ne se transforment que très lentement. En pareille matière on reste sourd aux conseils, et il faut des catastrophes ou des événements d'une grande importance, pour amener un revirement dans les habitudes. La réforme des traites documentaires que je préconise n'est pas absolument dans ce cas; elle est plus facile à faire, pour ne pas dire très facile.

Il y a environ une demi-douzaine de banques en Asie qui achètent ces traites documentaires, elles ont toutes leurs comptoirs principaux ou leurs agences à Paris ou à Londres. Qu'on leur propose de ne plus prendre que des traites à soixante et quatre-vingt-dix jours de vue, et je suis certain qu'elles ne demanderont pas mieux.

En tout cas, nous sommes tous d'accord que notre commerce est mal fait, qu'il y a des réformes à accomplir; en voilà une qui n'offre pas de grandes difficultés, d'autres pourraient être tentées ou s'imposeront avec le temps; mais il faut commencer, et, si vous ne faites rien du tout, il ne vous restera alors à compter, pour sortir du marasme, que sur des miracles : une très mauvaise récolte, ou un syndicat à la hausse et à moins d'en voir surgir un d'une envergure extraordinaire vous serez finalement toujours déçus. Ne nous berçons pas de ces illusions, mais recherchons où est le mal.

Je n'ai pas la prétention de résoudre la question, ni de vous avoir appris quelque chose de nouveau, je n'ai fait que mentionner des faits connus, mais auxquels on n'attache pas toujours l'importance réelle qu'ils ont. Des réformes dans notre commerce sont-elles nécessaires et peuvent-elles se faire? Voilà les questions dont nous devons nous préoccuper : si oui, agissons, si non, cessons nos plaintes inutiles, continuons comme par le passé, et les mieux avisés seront alors ceux qui nageront avec le courant. Ce n'est pas en vous lamentant sur le changement de mode, sur la perte du marché de Londres, sur le télégraphe, etc., et en attendant comme un Messie un syndicat ou une mauvaise récolte que vous changerez la situation.

Nous ne pouvons pas annihiler les conséquences produites par les événements auxquels je viens de faire allusion, mais nous devons nous demander comment il se fait qu'avec une consommation plus forte que jamais et une production qui, dans l'espace de trente-cinq ans, ne s'est pas augmentée, nous sommes arrivés à des prix de 40 à 50 pour 100 inférieurs à ceux d'alors.

Les autres grands articles de commerce comme le coton, le thé, le blé, etc., ont eu à souffrir, au même degré que la soie, des révolutions économiques qui se sont opérées dans le commerce général du monde ; cependant le commerce de ces articles ne se fait pas aussi mal que le nôtre, et si leurs prix sont arrivés à un niveau très bas, c'est surtout parce que leur production a augmenté dans des proportions énormes.

Pour terminer, je répète que, malgré les causes qui inévitablement devaient abaisser, dans une certaine mesure, le niveau des prix des soies, c'est dans les mauvaises habitudes, qui se sont peu à peu introduites dans notre commerce, surtout dans l'achat et la vente, qu'il faut principalement chercher les raisons de la mauvaise situation de nos affaires, et qu'au contraire, la *position intrinsèque* de notre article *comporterait une base de prix plus élevée et en tout cas plus de stabilité et de tenue.*

Recevez, etc.   E. DE BAVIER.

Lyon — Imp. Pitrat Aîné, A. Rey Successeur, 4, rue Genti[— 3949

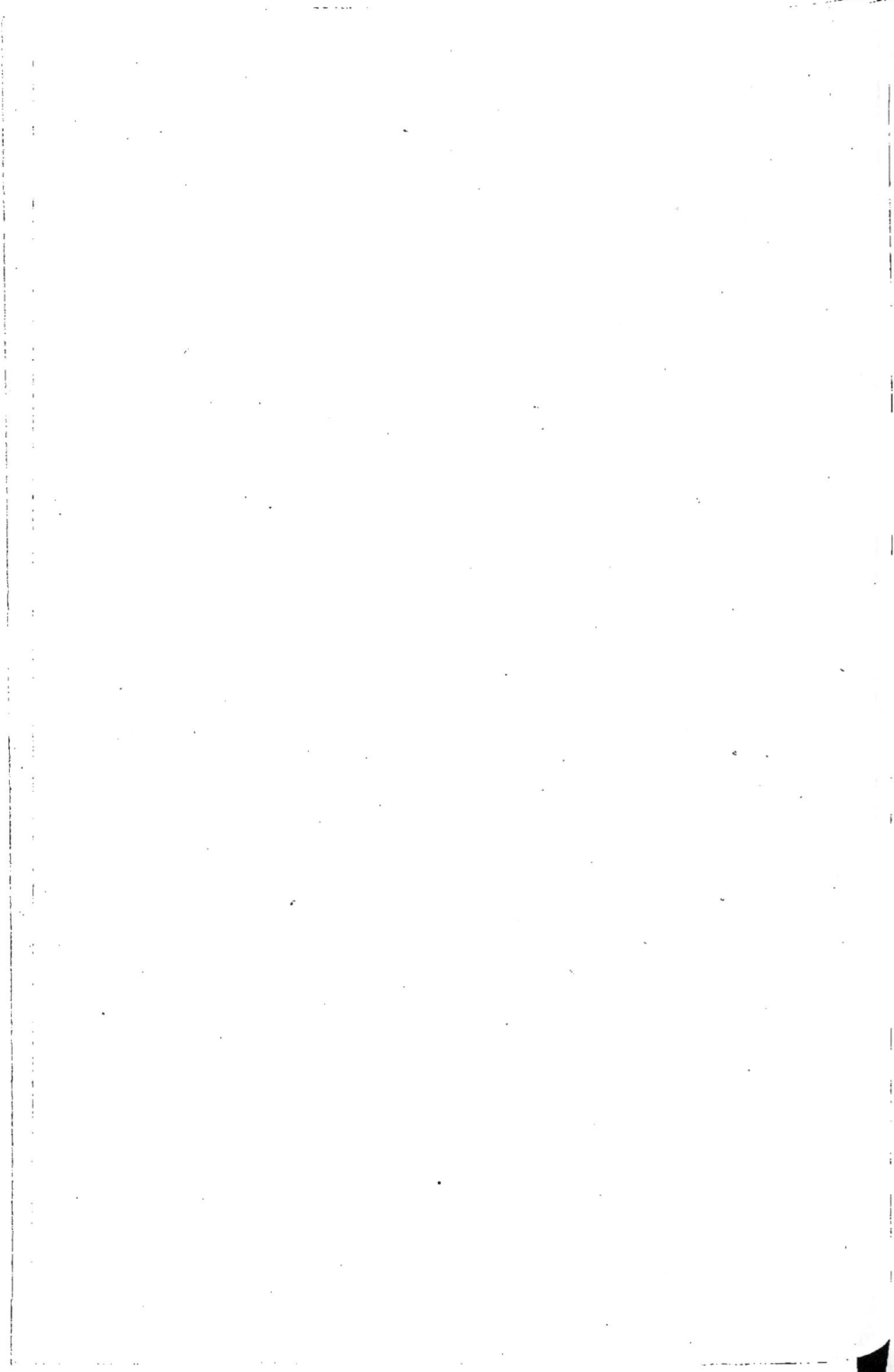

www.ingramcontent.com/pod-product-compliance
Lightning Source LLC
Chambersburg PA
CBHW060528200326
41520CB00017B/5168